AF311892

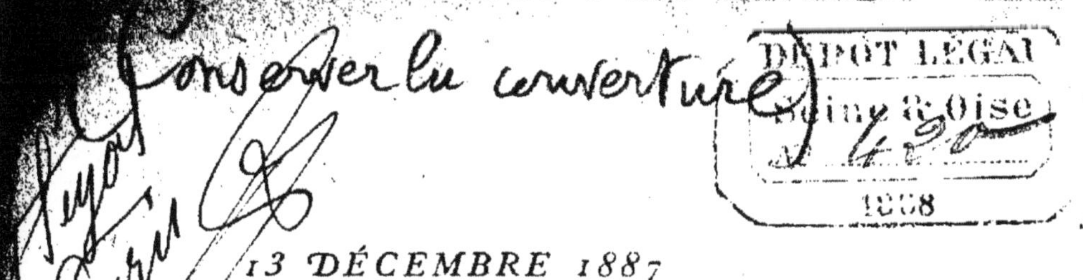

13 DÉCEMBRE 1887

LA CINQUANTAINE

DE

M^E ROUSSE

HOMMAGE ET SOUVENIR

Me ROUSSE

(Soleil du 14 Décembre 1887)

Dans un pays où les réputations sont éphémères, où la popularité de la veille devient le discrédit du lendemain ; dans un temps où la fortune et les honneurs vont non aux plus dignes, mais aux plus bruyants, ceux-là sont rares qui savent, pendant une longue carrière, mêlés aux événements et aux hommes, conserver l'estime de tous.

Au premier rang de ces privilégiés de la vie se place un avocat dont le caractère et le talent sont d'un autre âge : c'est Me Rousse. Hier, le Barreau de Paris se réunissait pour fêter le cinquantième anniversaire de son inscription au Tableau.

Nombreuse était l'assistance. Les avocats pressés saluaient de leurs acclamations un de leurs chefs et surtout un de leurs modèles. Ils honoraient ainsi, dans la noble carrière d'un de leurs pairs, la profession qu'ils exercent. Contre les attaques dont ils peuvent être l'objet, Me Rousse sera leur champion devant l'histoire.

D'autres ont été plus orateurs que cet avocat de race. Dufaure eut plus de dialectique et Chaix d'Est-Ange plus d'éloquence, mais aucun n'a joui de cette popularité saine, de cette unanime vénération dont les avocats entourent leur grand confrère, et c'est avec orgueil que, chaque année, l'Ordre le place au premier rang de ses élus.

Me Rousse est, en effet, de ceux que la mêlée des partis n'a point diminués. S'il consacre de préférence sa parole et sa plume aux proscrits, il a plaidé pour eux au nom du droit, et les ardeurs de la passion n'ont jamais altéré son jugement. Dans une société où tant d'ambitions s'agitent, il est resté l'homme du devoir, et sa vie s'achèvera dans la pratique et le culte des grandes choses. L'idéal d'honneur qu'il s'est tracé ne s'obscurcira jamais devant ses yeux. *Veritatem coluit, patriam dilexit.*

Nul n'aura eu plus de souci de la renommée conquise ; il joint la délicatesse de la conscience à la fierté d'un homme sûr de lui-même.

Les caractères de cette trempe sont rares de nos jours. Saluons au passage celui-là.

La grande notoriété de Me Rousse date de 1870. Elle fut presque soudaine. On le connaissait peu en dehors du Palais, mais l'Ordre, qui venait de le placer à sa tête, appréciait à sa valeur le bâtonnier qu'il s'était choisi. Une sorte de prescience avait guidé ses suffrages. Les épreuves qui grandissent les forts attendaient Me Rousse à ses premiers pas. Élu au mois d'août, au moment où commençaient nos revers, il allait rencontrer la Commune sur sa route, et bientôt on entendait la voix du bâtonnier des avocats de Paris qui protestait au nom du droit violé, risquant chaque jour sa vie pour défendre des martyrs.

Depuis lors, Mᵉ Rousse a conquis au Barreau une situation sans égale, faite à la fois de reconnaissance et d'admiration.

Nous n'aurons pas la témérité de raconter cette carrière si bien remplie déjà, et à laquelle d'autres triomphes sont réservés encore. On nous saura gré, toutefois, de la rappeler à grands traits et Mᵉ Rousse nous pardonnera de parler ici de lui, lui qui parle si bien des autres.

D'abord secrétaire de Chaix d'Est-Ange, Mᵉ Rousse avait choisi la meilleure des écoles et il devait être digne de son modèle. Mais, pour lui, comme pour tant de confrères, les débuts furent pénibles. On imagine difficilement ce qu'il faut, au Barreau, d'efforts personnels et soutenus pour enchaîner la fortune. N'ayant derrière lui ni ces souvenirs ni ces traditions qui préparent le succès, il ne pouvait compter que sur son courage et sa volonté. Mais il avait foi dans l'avenir et, si durs que dussent être les débuts, il creusa courageusement son sillon.

On l'avait cependant remarqué à la barre, ce jeune homme à la physionomie fine, à la tournure alerte, à la voix brève et mordante, au langage châtié, à l'esprit vif et prompt. Les magistrats étaient heureux de l'entendre ; par malheur, les clients n'assistaient guère aux audiences et Mᵉ Rousse n'avait point trouvé de dossiers dans son berceau. Dame Thémis a toujours préféré les fronts ridés aux frais visages.

L'heure des succès vint enfin. La fée qui préside

aux destinées des avocats toucha M⁰ Rousse de son aile : Lève-toi, lui dit-elle. La faveur des plaideurs lui était arrivée lentement, mais d'autant plus constante que celui auquel elle s'attachait l'avait moins sollicitée. Tout la justifiait, d'ailleurs : talent de bon aloi, probité professionnelle poussée jusqu'à ses dernières rigueurs, dignité de la vie, chaleur du cœur et droiture du jugement. M⁰ Rousse entra au Conseil de l'Ordre, cet aréopage des avocats. Huit ans plus tard, en 1870, il était bâtonnier, succédant à M⁰ Grévy. Le Barreau de Paris, éclectique souvent, capricieux parfois, avait choisi un chef qui devait lui rester fidèle.

M⁰ Rousse qui, depuis vingt-cinq années, a pris et gardé sa place parmi les maîtres de l'Ordre, est plutôt écrivain qu'orateur. Il n'a pas les envolées ardentes des Allou et des Barboux, mais il a plus qu'eux l'incomparable pureté, l'élégance suprême du style. Il parle comme écrivent les ciseleurs de phrases, chose rare au Palais, où les exigences de la discussion quotidienne découragent vite les amateurs de beau langage. Lui, sans sacrifier le fond à la forme, a le secret des phrases harmonieusement enchaînées, berçant une pensée ingénieuse. Nul ne trouve, comme lui, les mots expressifs, les tournures fines et délicates ; c'est le Cellini de la langue française. Qu'on ne s'en étonne point, M⁰ Rousse a conservé comme un reflet du grand siècle. De fortes études classiques, dans lesquelles il n'a cessé de se retremper, l'ont fait pénétrer dans l'intimité des maîtres du bien dire. Quelques-uns, dont le nom est sur toutes les lèvres, ont été ses parrains sans doute.

Chez lui, quel choix heureux de citations et d'allusions ! Nourri des modèles, il leur rend avec usure tout ce qu'ils lui ont donné. Les réminiscences sont souvent un bien lourd bagage ; pour lui, les souvenirs semblent un cordial généreux qui rend de nouvelles forces à l'athlète lassé.

A des qualités de ce genre, certaines affaires conviennent mieux. Celles où le sentiment délicat joue un grand rôle ont toujours tenté M⁰ Rousse. Il aime, parce qu'il y excelle, l'analyse discrète et fine. Mais la concision austère des discussions de droit pur l'embarrasse et l'effarouche. L'organe chez lui s'y prête peu, et sa voix brève semble plus pressée encore quand il faut aborder quelque aride abstraction. Il a hâte de rentrer dans les sentiers fleuris où l'esprit a libre carrière. Aussi, n'a-t-il pas dans le monde des plaideurs une situation égale à sa notoriété. L'homme d'affaires craint la littérature. Sans doute, le crédit de M⁰ Rousse est grand auprès des juges ; ses clients ont en lui une foi absolue, mais jamais on a vu ce virtuose de la parole, pliant sous le faix des dossiers, courir essoufflé d'une chambre à l'autre et jetant au vent des audiences les éclats de sa voix bruyante. Plus modeste, plus réservé, plus fier peut-être, M⁰ Rousse sait ce que valent ses plaidoiries ; il ne les a jamais prodiguées et les trésors de son style, dont il est demeuré avare, resteront un délassement pour les lettrés plutôt qu'un attrait pour la foule.

Suivons-le cependant à l'audience. Il s'agit d'un procès littéraire et les avocats quittent la salle des Pas-Perdus pour lui faire un cortège. C'est pour eux un jour de fête.

Quoique avocat, M⁰ Rousse serait digne aussi d'être le bâtonnier des lettres. Il a le goût et le culte du beau style, il en a la probité. Chez lui, jamais

une témérité ni une concession ; il est la protestation
vivante du bon langage français contre les audaces de
l'école contemporaine. Il n'en a pas moins la vigueur
et l'éclat ; sa phrase, soutenue par de fortes pensées,
n'est jamais alourdie par l'accumulation des mots à
effet. Nette, précise, alerte et vive, elle vole comme
l'alouette sur les guérets, ou s'élève hardiment vers
le ciel comme portée par un grand coup d'aile.

Qui n'a lu, qui ne relira avec une admiration
émue, ce magnifique discours, mercuriale digne des
Parlements d'autrefois, que M⁰ Rousse prononçait en
décembre 1871, à la rentrée des conférences du Palais :
Il avait promis d'écrire l'histoire de l'Ordre pendant
la guerre et la Commune, et il sut mêler à son récit,
avec les conseils de la sagesse, d'éloquentes considé-
rations sur nos malheurs et sur leurs causes. Seize
années ont passé sur ces belles pages ; tous ceux qui
l'ont entendue, au milieu des ruines de la guerre
civile, sentent encore vibrer à leurs oreilles la parole
à la fois vengeresse et consolante de l'homme qui
personnifiait si bien le devoir accompli. Ce discours,
qui est l'ornement de nos archives, restera comme un
modèle de patriotisme et de raison, aussi bien que
de beau langage.

Une lacune, toutefois, s'y faisait remarquer.
M⁰ Rousse avait oublié de parler de lui. D'autres,
grâce à Dieu, ont pu lui rendre le solennel hommage
que sa modestie s'était refusé.

Lorsqu'il entra à l'Académie, où sa place était
marquée, une voix autorisée rappela sa vie pendant
les heures de deuil.

Bâtonnier élu de la veille, après avoir, pendant
toute la durée de la guerre, veillé sur les destinées
de l'Ordre, il était resté à son poste après le 18 mars.

Au moment où fut exécuté l'exécrable décret sur les otages, il se consacra à une noble et sainte mission. Poussant le dévouement jusqu'à l'héroïsme, il se fit l'avocat des victimes contre leurs bourreaux ; il alla porter des secours et des consolations aux captifs ; il était le confident de leurs angoisses, et lui, l'homme sans peur et sans reproche, lui le bâtonnier de l'Ordre, on le vit sollicitant, du citoyen Protot, la permission d'entrer dans les prisons de la Commune. Est-il beaucoup d'exemples d'une semblable abnégation ? Pour notre part, nous n'en connaissons guère. Le Barreau peut être fier de compter dans ses rangs un homme de cette taille ; il a le droit de le citer avec orgueil, car celui-là a expié les défaillances de quelques-uns.

Tant de dévouement devait inspirer le respect aux plus féroces. Me Rousse rebuté, mais non arrêté, put continuer jusqu'au bout son ministère. Il put, aux dernières heures, recueillir les suprêmes confidences des martyrs.

Aux élections qui eurent lieu en mai 1873, Me Rousse était vice-président du comité Rémusat. Il n'a jamais fait d'autre politique.

Il avait l'esprit trop délicat pour ne pas être choqué très vivement des brutalités et des ridicules qu'entraîne avec elle la vie orageuse et familière des assemblées. Sa nature fine, élégante, un peu railleuse et hautaine, se soulevait à la vue des injustices et des inepties de l'esprit de parti. Ces importances subalternes, ces vanités exigeantes, ces coteries jalouses, ces conjurations de médiocrités turbulentes et niaises, qui souvent oppriment de leurs clameurs les plus fermes caractères et les talents les plus intrépides, c'était là pour lui un spectacle insupportable et dont rien ne lui semblait pouvoir racheter le dégoût. A ses yeux, l'honneur même de la liberté ne valait pas ses dangers ; et, si la liberté était dans son cœur, dans son caractère, dans les nécessités de sa profession, dans l'essence même de son talent, il ne se sentait pas le courage de supporter patiemment les sacrifices qu'elle pouvait coûter.

Ces lignes sont tirées d'une notice publiée par Mᵉ Rousse sur son illustre maître. Ne semble-t-il pas à les lire qu'il traçait de lui-même et d'avance le plus fidèle des portraits ?

C'est en 1862 que Mᵉ Rousse publiait les discours et plaidoyers de Chaix d'Est-Ange ; la préface dont il a fait précéder ce recueil était digne en tous points du grand avocat dont il honorait la mémoire. Combien de pensées charmantes, d'aperçus ingénieux dans ces quelques pages : cette observation entre tant d'autres. « Il y a dans le talent, plus souvent qu'on ne paraît le croire, un germe héréditaire et dans l'histoire de tous les arts on rencontre beaucoup de ces pères prodigues qui, donnant à leurs fils plus qu'ils n'avaient eux-mêmes, sont dans la famille les précurseurs généreux et modestes de celui qui doit l'illustrer un jour. »

L'hommage que Mᵉ Rousse rendait à Chaix d'Est-Ange, lui a été rendu de son vivant. Ses plaidoiries les plus connues revivent dans le recueil que la main pieuse d'un disciple, Mᵉ Worms, a composé. On retrouve dans ce livre toutes les séductions de l'audience, ces jouissances sereines que le palais réserve parfois à ses fidèles. Quel charme dans ce plaidoyer sur la propriété des œuvres d'André Chénier ; quelle verve mordante, quel esprit étincelant dans l'affaire Zola ! Ne dirait-on point qu'il s'agit ici de la lutte du diamant contre le bloc de fonte brute.

Ces pages incomparables et marquées au meilleur

coin gagnent à être lues. La parole trop hâtée de
Mᵉ Rousse ne permet pas toujours de le suivre. Mais
quel plaisir de retrouver le lendemain, dans une
reproduction fidèle, les traits nombreux, les obser-
vations délicates qui émaillent sa discussion toujours
serrée !

Le maître, d'ailleurs, se livre rarement aux
hasards et aux aventures de l'improvisation ; il
enferme ses joyaux dans un écrin solide et ses plaidoyers ont une forte charpente comme ceux des
maîtres d'autrefois ; il sait y joindre toutes les parures
de l'art moderne. Les mêmes qualités, plus marquées
peut-être encore, se retrouvent dans les discours qu'il
a prononcés. Qu'il prenne la plume pour écrire à
l'Académie sur les prix Monthyon, qu'il raconte les
bienfaits de l'hospitalité de nuit, qu'il pleure sur un
confrère aimé, la muse de l'éloquence vient s'asseoir
à son chevet et lui dicte les accents les plus nobles
et les plus touchants. Croyant résolu, nul n'a mieux
parlé que lui des espérances éternelles et des vertus
cachées qui consolent l'humanité.

Depuis quelques années, Mᵉ Rousse ne paraît
que rarement au Palais. L'heure du repos est venue
pour lui ; mais l'activité de son esprit ne s'est point
lassée. Il est resté le champion des humbles et des
proscrits. Il est l'avocat du dévouement et du droit.
Il a défendu les religieux chassés de leurs demeures ;
il est devenu le confident d'illustres exilés, dont le
sort rappelle celui de Thémistocle, et son nom restera
associé à cet acte de munificence, sans précédent, qui
fera de Chantilly le musée des grands souvenirs.

Viennent d'autres crises ou d'autres injustices,
Mᵉ Rousse, toujours jeune, sera debout encore pour
combattre au nom du droit et de la liberté.

Tel est l'avocat dont le barreau célébrait, hier, la cinquantaine. Des hommes comme ceux-là n'honorent pas seulement leur ordre ; ils sont aussi l'ornement de leur pays.

Ambroise RENDU.

LE BANQUET

Du 13 Décembre 1887

Le 13 décembre 1887, les Avocats à la Cour de Paris se réunissaient à l'Hôtel-Continental. Une table d'honneur avait été préparée pour les invités du Barreau, qui prenaient place à côté de Me Rousse et de Me Durier, bâtonnier. C'étaient, MM. Barbier, premier président de la Cour de cassation ; M. Périvier, premier président de la Cour d'appel de Paris ; M. Bouchez, procureur général à la même Cour ; M. Bernard, procureur de la République ; M. Renan, directeur actuel, et M. Camille Doucet, secrétaire perpétuel de l'Académie française ; M. Émile Rousse, frère de l'ancien bâtonnier ; M. Gallois, président de la Chambre des avoués à la Cour d'appel, et M. Daupeley, président de la Chambre des avoués au Tribunal civil de la Seine.

Puis venaient les membres du Conseil de l'Ordre : MM. Barboux, Bétolaud, Falateuf, Martini, anciens bâtonniers; Bertin, Blavot, Cresson, de Cagny, Chenal, Clausel de Coussergues, du Buit, Duverdy, Devin. Lebrasseur, Philbert, Ployer. [1]

Et MM** Alpy, Arnal, Arrighi, Aujay ;

Ballot, Barbier, Bâton, Beaume, Béésau, Benoist (Ernest), Benoit-Levy, Bernard, Berryer (Georges), Beurdeley, Bignan, Biellet, Bilhaud-Durouget, Binoche, Blin, Blondel, Blot-Lequesne (père), Blot-Lequesne (fils), Bogelot, Bonnet, Bonneville de Marsangy, Bosviel (père), Bosviel (fils), Bouché, Bouchot, Boulloche, Bourdillon, Bournat, Brenier de Montmorand, Brizard, Brugnon, Brunet, Bureau, Busson-Billault (Julien) ;

Camoin de Vence, Carié, Carraby, Carré, Cartier, Cazeaux, Challamel, Champetier de Ribes, Charpentier, Chartron, Charton-Demeur, Chaudé (Ernest), Chaudé (Albert), Chaumat, Chenu, Choppin d'Arnouville, Cléry, Closset, Clunet, Comby, Coste, Constant, Couhin, Coulet, Couteau, Crémieux ;

Da (père), Danet, David, Dauvillier, Davillé des Essards, Debacq, Degoulet, Delacourtie, Delamarre, Delepouve, Deloison, Demonbynes, Deroy, Deschars, Desportes, Desjardins, Devin (Georges), Didio, Dieusy, Donzel, Dreyfus, Dreyfous, Drouin, Dubois, Ducrocq, Dufraisse, Dupuich, Duquet, Durrieux, Duverdy (Maurice), Duverger ;

Estibal ;

Fabre (Jules), Falateuf (Octave), Farjas, Faure (Antoine), Ferdeuil, Ferré, Flach, Flogny, Forni, Fortier, Fournier, Frémard, Fréminet, Furcy-Larue ;

Gaschard, Gauly, Gault, Gautier, Genets, Gondinet, Gressier, Guiraud ;

Habert, Hamel, Hardoin, Hémar, Hérard, Houdaille, Huard, Husson ;

Jamais, Jamet, Joret-Desclosières, Josseau (père), Josseau (fils), Jourdan, Jouy (de), Jullemier, Jumin ;

Lacoin, Lacointa, Lalle, Lambert, Languellier, Larnac, Lassis, Laviolette, Lavollée, Le Barazer, Lebel, Le Cointe, Lecomte, Lecomte (Georges), Lejoindre, Lefèvre (Albert), Leredu, Le Senne, L'Evesque, Limbourg, Limet, Liouville, Louiche des Fontaines, Loustaunau ;

Mack, Magnier, Malapert, Martin (Albert), Martin (Tommy), Masse, Massu, Mavré, Max, Mayer (Gaston), Mège, Menesson, Mettetal, Milliard, Montéage, Moreau, Morillot (André), Moysen ;

Nérot, Noirot, Normand, Nourrisson (Paul) ;

Oulif ;

Paillet, Pelletier (Michel), Péronne (père), Péronne (Louis), Perrin, Petit, Pignon, Plé, Poincarré, Porchereau, Pouget, Pouillet, Poulain, Prache, Proust ;

Quérenet, Quétand, Quignard ;

Raveton, Raynald, Reboul, Rendu (Ambroise), Renoult, Ribot, Robert (Henri), Rodrigues, Rousseau, Rousset (Raoul), Roussilhe ;

Sabatier, Sagot-Lesage, Sal (de), Salle (père), Salle (fils), Salsac, Scribe, Seligmann, Strauss, Suin ;

Tezenas, Thiéblin (Albert), Thiéblin (Henri), Tourseiller (père), Tourseiller (Léon), Turot ;

Vallé, Vanesson, Varin, Vavasseur, Viardot, Villetard de Prunières ;

Wattinne, Worms.

M. Boucher, bibliothécaire.

A la suite du banquet, plusieurs toasts, couverts d'applaudissements, ont été prononcés.

Toast de M⁵ Durier, bâtonnier

Messieurs,

Le banquet qui nous réunit est une de ces fêtes conformes aux meilleures traditions du Barreau, où le sentiment de la confraternité se manifeste avec la plus chaleureuse cordialité. Nous sommes ici pour honorer un avocat dont la vie vaillante et digne, l'esprit élevé et délicat et le noble caractère ont jeté sur notre Ordre l'éclat le plus pur.

Il y a aujourd'hui cinquante ans que M. Edmond Rousse a été admis au stage. Nul ne voudrait le croire sans l'indiscrétion impitoyable de notre tableau. M. Rousse est un de ces privilégiés qui parcourent une longue carrière sans jamais vieillir, car la chaleur de leurs sentiments, comme une sève généreuse, leur verse une perpétuelle jeunesse.

Si la génération d'avocats qui assista à ses débuts reparaissait parmi nous, elle reconnaîtrait le stagiaire qu'elle a connu dans le svelte bâtonnier dont l'âge semble avoir non pas blanchi, mais poudré les cheveux par un raffinement d'élégance.

C'est un grand honneur pour votre bâtonnier d'aujourd'hui d'être votre interprète en une si mémorable occasion ; mais c'est un périlleux honneur. Je ne me flatte pas de vous satisfaire : à votre gré, je ne louerai jamais assez bien M. Rousse ; et je suis sûr de le mécontenter, car, à son avis, je le louerai toujours trop. Je ne connais personne qui soit plus impatient de la louange. Il faut cependant qu'il s'y résigne.

L'estime publique et l'affection confraternelle ont leurs légitimes exigences. On n'est pas impunément un grand talent et un grand homme de bien. Il arrive une heure où les plus respectables résistances de la modestie, où les plus farouches pudeurs d'une âme délicate sont condamnées à souffrir la violence de l'éloge. En vain M. Rousse a essayé de se dérober ; nous l'avons fait prisonnier, nous le tenons, et il faut qu'il entende ce que le cœur du Barreau tout entier a besoin d'exprimer.

Ce que nous honorons, et ce qui nous honore tous en lui, c'est l'alliance d'un grand talent et d'un noble caractère. L'atticisme et la sobre énergie de sa parole si pittoresque et si colorée ; le sentiment profond et la pratique austère de tous les devoirs professionnels ont fait de lui un de nos chefs les plus éminents. Mais pour lui l'heure du triomphe a été l'heure de l'épreuve.

Son bâtonnât, son consulat, comme il l'a souvent nommé, a commencé au moment funeste où s'ouvrait cette série de malheurs inouïs qui devaient nous rendre la patrie plus chère encore, en raison même des ruines et des humiliations qu'elle subissait. Il a été le bâtonnier de l'année terrible, le bâtonnier du siège, le bâtonnier de la guerre civile ! Quand tout s'écroulait, il a prouvé qu'il y avait deux choses que rien ne pouvait ébranler : le courage et l'honneur.

Un jour est venu où il a représenté seul le Barreau, la défense, la protection de l'innocence opprimée en face de la violence et de la tyrannie.

Ce jour-là il a été digne de lui, digne de vous, digne de votre passé, digne de la haute mission sociale qui nous est confiée. Il a couvert de votre robe les otages, sans se demander s'il ne deviendrait pas lui-même un otage. Il a tenté de sauver de vénérables et nobles victimes, et s'il ne les a pas sauvées, il les a du moins soutenues et consolées. Grâce à lui, elles ont pu serrer une main amie ; grâce à lui, elles ont eu, du moins, l'impression fortifiante d'une ardente sympathie et d'un loyal dévouement ; elles ont pu goûter, au milieu de tant d'horreurs, la douceur d'un suprême attendrissement.

A partir de ce moment, ce bâtonnat tragique a été consacré, en quelque sorte, à nos yeux. Il en a gardé comme une auréole.

Hélas ! Messieurs, ces paroles sont bien tristes pour un

banquet, et il faut se rappeler de bien terribles choses pour se laisser aller à de tels propos de table !

Mais, quels que soient les douloureux souvenirs du passé et les soucis du présent, on relève la tête avec confiance au milieu d'une réunion comme celle-ci, en la voyant se presser avec une si ardente sympathie autour de notre glorieux confrère, pour le remercier et le féliciter du devoir noblement accompli.

Le Barreau avait décerné à M. Rousse le suprême honneur. Il ne pouvait plus rien faire pour lui, qu'attester sa persistante affection et sa profonde reconnaissance.

L'Académie française s'est jointe à nous. Elle a affirmé par ses suffrages que nous avions raison de placer bien haut dans notre estime ce grand cœur et ce charmant esprit, cet orateur à la voix émue et vibrante, et cet écrivain au style élégant et nerveux.

Peut-être aussi a-t-elle pensé qu'il n'était pas indigne de décerner des prix de vertu !

Nous l'en remercions. Nous sommes fiers de voir se continuer cette tradition si flatteuse pour nous, qui a toujours appelé quelques-uns des nôtres à représenter l'éloquence judiciaire dans cette brillante élite des gloires littéraires de la France.

Je bois, Messieurs, à notre éminent confrère, à notre cher et illustre bâtonnier, à M. Edmond Rousse ; heureux que ce toast fasse battre ici, à l'unisson des nôtres, un cœur où règne l'amitié fraternelle la plus touchante.

Je voudrais qu'il s'élevât vers tout ce qui survit de ceux qui furent chers à celui que nous fêtons.

Je bois à vous, Messieurs, qui vous pressez à ce banquet confraternel, à l'Académie française, aux chefs de la magistrature qui ont répondu avec tant d'empressement à notre appel et aux représentants des Compagnies amies de notre Ordre, qui s'associent à cet hommage solennel rendu à l'un des plus vaillants et des meilleurs d'entre nous.

Réponse de M⁰ Rousse

Mon cher Batonnier,

Vous êtes un orateur dangereux !... Vous parlez si bien, avec tant de grâce et avec tant de charme, que les esprits les plus rebelles ne sauraient longtemps vous résister, et que les cœurs les plus endurcis sont bien obligés de se rendre.

Vous triomphez ! Et vous aussi, mes chers confrères. Grâce à vous, je crois enfin, ce soir... je crois — pour une heure — à des vertus et à des mérites que, malgré vous, je m'étais obstiné vainement à méconnaître.

Vous célébrez ma vigueur, ma jeunesse ; de mes années vous ne voulez compter que les printemps... Soit ! Je vous remercie du fond du cœur, du fond de ce cœur jeune encore, sur lequel cinquante années de procès et de plaidoiries n'ont laissé ni une ombre ni une ride.

Parmi les souvenirs lointains qui se pressent en tumulte dans mon esprit, et que votre amitié voudrait en vain me cacher, souffrez seulement que je vous rappelle deux dates et deux noms qui jettent encore quelque trouble dans ma pensée, et me gâtent un peu mon orgueil.

Il y a vingt-six ans, presque jour pour jour — à l'heure même où nous sommes — dans une assemblée où vous aviez convié le Barreau français tout entier, — j'étais assis au fond de la salle, non plus déjà parmi les jeunes, mais parmi les inconnus ; perdu dans la foule, j'écoutais en pleurant, dans une extase d'admiration attendrie, le grand orateur dont — ce jour-là — vous fêtiez la gloire bien plus que les années.

Berryer parlait !... luttant contre l'émotion qui faisait trembler ses lèvres ; récitant à moitié, improvisant à demi, essayant en vain de lire à travers ses larmes ; nous donnant à tous le spectacle, le frisson, l'angoisse enivrante de l'éloquence dans son expression la plus sincère et la plus humaine...

Huit ans après, le Barreau de Paris célébrait un autre anniversaire. Cette fois, c'était Marie !... Marie, le philosophe de la barre, le stoïcien de la tribune, l'ami inséparable de Berryer, et, comme le vieux Dupin, son immuable adversaire; tous deux ayant, pendant quarante ans, habité sous le même toit et se voyant à toute heure sans s'être jamais rien cédé l'un à l'autre, des croyances et des engagements fidèles de toute leur vie.

Marie et Berryer ! — Mes chers Confrères, si vous ne comprenez pas le trouble profond que ces deux noms me font ressentir — c'est qu'en vérité je suis bien peu digne — je ne dis pas de l'excès d'honneur que vous me faites aujourd'hui — mais de ces témoignages d'estime que, pendant toute ma vie, je me suis efforcé du moins de mériter.

Est-ce pour détourner ma pensée de ces accablants souvenirs que vous en avez rappelé d'autres, plus récents et tragiques ?—Quand vous avez parlé de ces jours néfastes — dont Dieu nous épargne à jamais le retour ! — j'étais tenté de vous interrompre, en répétant ce que me disait, ailleurs, il y a quelques années, une voix éloquente et généreuse :

> *Excidat illa dies ævo, nec postera credant*
> *Sæcula...*

Vous avez parlé du bâtonnier de 1870 ? Le bâtonnier de 1870 a été ce que furent, ce qu'est, et ce que seront tous les autres... ce qu'il a tenté de faire, d'autres l'avaient fait avant lui dans le passé. Dieu veuille que d'autres ne soient pas appelés à le faire comme lui dans l'avenir !...

Dans les vieilles familles comme la nôtre, il y a des traditions, des exemples et des devoirs séculaires auxquels il n'est loisible à aucun de nous d'échapper. Vous parliez d'otages, tout à l'heure... Celui d'entre nous que vous placez à votre tête devient l'otage de votre honneur. Quoi qu'il advienne, tous nos ancêtres le surveillent; tout notre passé le regarde, et même dans une âme médiocre, ces gardiens vigilants ne laissent entrer ni défaillance ni lâcheté.

Si donc vous voulez honorer le courage civique, j'y consens !... Buvons ensemble au Barreau de France où, à travers nos tempêtes civiles, les faibles et les vaincus n'ont jamais cherché vainement des défenseurs ; où, moins grands encore par leur talent que par leur courage, Chauveau-Lagarde et de Sèze nous ont transmis, pour le rendre à d'autres après nous, l'héritage qu'ils avaient reçu de leurs devanciers !

Au Barreau, où depuis cinquante ans j'ai compté tant de maîtres, tant d'amis, dont les places sont restées vides à cette table, et que, pourtant, il me semble voir revivre en ce moment au milieu de nous !

Au Barreau qui, en conviant à cette fête le vieux compagnon, le guide fidèle de toute ma vie, a voulu qu'il n'y eût ici qu'une même famille et un même cœur.

Maintenant, mes chers amis, permettez-moi d'acquitter une autre dette, dans laquelle vous avez aussi votre part.

« Il y a place pour tous dans ce beau et fertile champ » du Palais », a dit notre vieux Loysel. Et il a bien dit !... Quand je suis entré dans ce grand Barreau, où j'achève de vieillir aujourd'hui (oserai-je l'avouer devant ces jeunes gens qui nous écoutent ?) le Digeste et le Code n'étaient pas mes études les plus chères.

Des bancs du collège, que j'avais quittés la veille, j'avais emporté des goûts, des souvenirs qui se sont toujours obstinés à me suivre. Dans mes minces dossiers de stagiaire, de violents accès de rhétorique jetaient parfois quelque désordre. Sur leurs marges scandalisées, je versifiais avec délices et je rimais avec furie. — Le plaidoyer de Petit-Jean avait avec les miens quelque ressemblance ; et je me souviens d'un procès politique où, — après avoir entendu sans défiance le *Pro Murœna* presque tout entier, — les jurés de Chartres, en me faisant gagner la cause, ont acquitté pour la seconde fois, à dix-huit cents ans de distance, le client attardé de Cicéron.

Était-ce là cette fameuse alliance des Lettres et du

Barreau, qu'ont si souvent célébrée nos pères? Je ne sais, et j'ai quelques raisons d'en douter. Mais à qui les aime sincèrement — si petit qu'il soit, — les Lettres sont des divinités secourables. Pour moi, elles ont été prodigues de leurs bienfaits.

Elles ont été les compagnes, les protectrices, les consolatrices de toute ma vie. Je leur ai dû mes amitiés les plus chères. Je leur ai dû, comme vous, ces grandes leçons, ces honnêtes conseils dont elles sont d'âge en âge, parmi les hommes, les immortelles messagères.

Grâce à leur secours je n'ai été vaincu par vous qu'à demi, dans ces luttes inégales où je n'ai jamais trouvé que des adversaires généreux et des juges indulgents.

Pour vous complaire, enfin, et sur la foi d'un de nos maîtres vénérés, elles m'ont fait une petite place dans une de leurs plus illustres demeures, au sein de cette immortalité fabuleuse, où, jeunes et vieux, nous avons tous le même âge, où un demi-siècle est à peine un jour et où notre tranquille jeunesse ne connait plus ni le poids ni le nombre des années.

Je bois aux Lettres, sœurs de l'Éloquence ; aux Lettres qui ont ici des représentants si dignes d'elles !

Et puisque, par une fiction touchante, vous voulez que je sois ici chez moi, — soyez tous les bienvenus, mes amis — et mes hôtes!... Prenez sur mes lèvres sincères, avec l'expression de ma profonde reconnaissance, les vœux que je fais avec vous pour la gloire des Lettres et pour l'honneur du Barreau.

Toast de M. Renan, au nom de l'Académie Française

Vous venez d'entendre un petit chef-d'œuvre, Messieurs, et qui eût certainement justifié l'entrée de M. Rousse à l'Académie française, si ce n'était là déjà un fait accompli.

Nous vous remercions bien vivement, Messieurs, de nous avoir conviés à cette fête, qui consacre la fraternité déjà longue de l'Académie avec l'Ordre des avocats.

Touchant à ce qu'il a de plus élevé dans le monde social et politique, votre profession se rencontre nécessairement avec la nôtre. Vouées toutes deux aux choses de l'esprit, elles se confondent dans un même amour du vrai et du juste.

Nous vous remercions surtout, Messieurs, de nous avoir donné un confrère comme celui-ci. Nous ne le voyons jamais entrer dans la salle de nos séances hebdomadaires sans nous dire : voilà la droiture et le bien qui viennent prendre séance parmi nous.

Dans ce temps où les fêtes sont rares, il est notre consolation et notre joie. Vous nous avez donné bien des confrères illustres, aucun ne nous a été plus cher que celui-ci.

Merci donc, Messieurs, du cadeau que vous nous avez fait, et, si vous le voulez, nous allons nous joindre au vœu si éloquemment formulé par votre bâtonnier et par celui que nous fêtons. Nous allons boire à la continuation de cette tradition des bonnes études et des bonnes lettres, qui a été si profitable aux deux corps.

Toast de M. Barbier, premier président de la Cour de cassation

Messieurs,

Après les éloquents discours que vous venez d'entendre, reste-t-il encore place pour une parole ?

Laissez-moi pourtant vous remercier, Messieurs, de m'avoir convié à cette belle fête de famille. Le seul titre auquel je doive cet honneur n'est-il pas, en effet, d'avoir, pendant dix-sept ans, porté votre robe et fait partie de votre grande famille ?

Belles années que celles où je fus le collègue de Grévy, d'Emmanuel Arago, que celles où je pus admirer les Hennequin, les Philippe Dupin, les Paillet, les Marie, les Bethmont, les Liouville.

Ces années-là sont chères à ma mémoire, chères à mon cœur ; c'est pourquoi, Messieurs, je bois au Barreau français !

Toast de M. Périvier, premier président de la Cour de Paris

Messieurs,

Lorsque votre éminent et sympathique bâtonnier est venu, en son nom et au vôtre, me convier à cette fête de famille, c'est en le remerciant de tout cœur que je lui ai donné mon acceptation.

J'ai vu, en effet, dans cette invitation, une nouvelle consécration de l'alliance intime et presque confraternelle qui a toujours existé, pour le plus grand bien de la bonne administration de la justice, entre la magistrature et le Barreau.

De mon côté, en assistant à cette solennité, j'ai voulu, en mon nom personnel et au nom de tous mes collègues de la Cour d'appel dont l'approbation m'est assurée, vous apporter ici l'éclatant témoignage de notre haute estime et de notre profonde sympathie pour les membres de ce grand Barreau parisien dont la bonne renommée fait bien aussi un peu la nôtre, et dont, en même temps, la science de ses jurisconsultes et l'éloquence de ses orateurs rendent toujours moins difficile et souvent plein d'attraits l'accomplissement de nos redoutables devoirs.

Mais j'ai voulu surtout apporter notre tribut d'éloges à votre ancien et éminent bâtonnier, Me Rousse, dans la loyale main duquel je suis heureux de pouvoir, en ce moment, placer la mienne, à Me Rousse qui, pendant un demi-siècle, par l'intégrité de son caractère, la dignité de sa vie, l'autorité et le charme de sa parole et de sa plume, son désintéressement et le dévouement absolu à tous ses devoirs professionnels, a puissamment contribué à maintenir intact l'opulent patrimoine de considération et d'honneur qui vous a été légué par vos illustres devanciers et qui vous a fait une si large place dans le respect et l'estime de tous.

A Me Rousse ! A son long et glorieux passé ? A son long et non moins glorieux avenir !

Pontoise. — Imp. Am. Paris

39

PONTOISE. — IMP. DE AMÉDÉE PARIS